Ancón Club

Índice

MW01231240

CARMEN ARMIJOS nace en Pasaje El Oro. Sus estudios primarios y secundarios los realizó en su lugar natal. Se graduó en la Universidad de Cuenca como Licenciada en Educación y Supervisión Escolar.
Trabajó como Maestra en la Provincia del Azuay. En la actualidad, se encuentra casada, tiene un hijo y una hermosa nieta.

MIRIAM BURBANO, ecuatoriana y residente en Pasadena, es educadora y escritora 'Best Seller'. Por más de 10 años se ha dedicado a motivar a jóvenes y adultos en el uso de las letras como herramientas de cambio. De entre los varios títulos que Miriam ha recibido, se siente orgullosa de haber sido reconocida como Activista Comunitaria, Embajadora de Paz, Mujer Internacional 2021 y Mujer del Año en la Asamblea de California. Su organización literaria, #JEL "Jóvenes Escritores Latinos" ya tiene Sucursales en 7 países sirviendo a cerca de 1000 jóvenes.

VINICIO SÁNCHEZ , oriundo de Ambato provincia de Tungurahua, estudió en la Universidad Técnica de Ambato, en la Escuela de Ciencias de la Educación, especialidad Historia y Geografía.
Le encanta la literatura y le apasiona el fútbol. Reside en Los Ángeles desde 1986."

TRUDY MARLENE QUEVEDO, nacida en la ciudad de Loja provincia de Loja, graduada de Contabilidad y Auditoría en la UTPL, masterado en Inteligencia de Negocios en la Universidad de la Rioja, España. Ha sido Contadora, HR, Analista de datos, Manager de mis propios negocios, pero mi mayor satisfacción y orgullo ha sido ser Madre de Nicolás y Emilio Rueda Quevedo.

BYRON PÉREZ E. Quiteño, Especialista Superior de la Universidad Andina Simón Bolívar sede Ecuador. Se ha destacado en las artes visuales como ganador de importantes concursos nacionales e internacionales. Ha desempeñado posiciones de Asesoría en el Parlamento del Ecuador y como Periodista de la Televisión Legislativa. Así también, el ámbito de la docencia, le permitió ejercer como Director de SECAP. En Los Angeles brinda servicios en producción de video reportaje y advertising para emprendedores.

El trabajo en equipo nos compromete con la eficiencia, pero sobre todo, con el objetivo de ser cada día mejores ciudadanos al servicio de nuestra comunidad.

Expresamos un agradecimiento especial por su colaboración para el éxito de la revista de todos: "REVISTA DEL ANCON CLUB" a: Juan Mario Bejar, Electra Alvarado Morán, Lourdes Piedrahita, Luis Puruncajas, Mentor Paredes, Manuel Paredes, Adelita Rulan, Mirella Arellano, Miriam Mut-Medina, Gema Herrera, Margarita Cadena, Dinora Cárdenas, Mercedes Veloz, Yanine Cedeño, Casa de Gina, Sofie Velasco y, a cada persona que hace posible la publicación de Ancón Club, su revista.

49 AÑOS DE HISTORIA
GALERIA DE PRESIDENTES

Segundo Castro

Jeff Venegas (+)

Roy Lowndes

Luis Alvarez

Jerry Avila

Fritz Hirt Jr.

Santiago Murillo

Carlos Vera (+)

Roberto Lowndes

Carlos Astudillo (+)

Hugo Intriago (+)

Loly Vera

Carlos Drouet (+)

Silvio Macías

José Gualotuña

Carlos Delgado

Dario Maldonado

Patricio Vásconez

Victor Murillo

Luis Coronel

Celebrando la riqueza cultural del migrante
en Los Ángeles, California. 2022

PATRICIO VASCONEZ
VICEPRESIDENTE

LUIS CORONEL
PRESIDENTE

EUGENIA MACIAS
TESORERA

AGRADECIMIENTO

Al celebrar nuestro Club Ancón, 49 años de vida institucional, en beneficio de la comunidad ecuatoriana y latina; nos sentimos orgullosos de compartir nuestras vivencias y actividades diarias en el convivir humano, lo que nos ha traído satisfacciones grandes. Así mismo el de continuar con nuestro proyecto como es:"La Segunda Edición de la Revista Ancón Club" en donde se han plasmando un sinnúmero de informaciones de las acciones que se han desarrollado en el Club y más tópicos muy interesantes para nuestro deleite intelectivo, por pesonas que han colaborado desinteresadamente con sus opiniones en cada artículo.

De allí que, va mi agradecimiento a todos ustedes, así como también a los patrocinadores que con sus publicidades nos permiten hacer realidad la revista. De igual manera nuestra gratitud para el Señor Embajador, Gustavo Anda, Cónsul del Ecuador en los Angeles como a su equipo Consular, por ser nuestro apoyo en todas las gestiones que hemos compartido en los momentos que hemos requerido.

Nuestra gratitud para todos los que conformamos esta comunidad latina, quienes con sus participaciones desde diferentes ámbitos han contribuído por el progreso de Ancón Club.

LA DIRECTIVA

Celebrando la riqueza cultural del migrante
en Los Ángeles, California. 2022

Ancon
Club
LA REVISTA

De nuestra portada:

El Embajador Gustavo Anda Sevilla, inició su carrera diplomática en el año 1989.
Durante su carrera ha desempeñado funciones en la Dirección de Derechos Humanos y en la Dirección de Relaciones Vecinales y Soberanía de la Cancillería ecuatoriana. A ocupado también cargos de Director de Soberanía Territorial, Director de América del Sur y Director de América del Norte; así como Jefe de Despacho de la Subsecretaría de Asuntos Políticos, de la Subsecretaría de Asuntos Multilaterales y del Viceministro de Relaciones Exteriores. Recientemente se desempeñó como Subsecretario de América del Norte y Europa, desde el 13 de noviembre del 2019 hasta el 31 de mayo de 2021; y, fue Jefe de Gabinete del ex Canciller Montalvo hasta su llegada a Los Ángeles.

En el exterior, el Embajador Anda Sevilla ha prestado servicios en la Delegación Permanente del Ecuador ante la ONU-Ginebra; en la Embajada del Ecuador en Washington D.C. en donde fue en varias ocasiones Encargado de Negocios en la Embajada del Ecuador en Uruguay en donde también se desempeñó como Representante Permanente Alterno del Ecuador ante la Asociación Latinoamericana de Integración (ALADI).

Es Abogado por la Pontificia Universidad Católica del Ecuador y cuenta con una especialización en Diplomacia Multilateral por parte del Instituto Universitario de Altos Estudios Internacionales de Ginebra-Suiza. Cursó también la Academia Diplomática del Ecuador (Segunda Promoción).

El Embajador Anda Sevilla tiene una condecoración como Coordinador Nacional de la III Comisión de la Paz entre el Ecuador y el Perú (Medallón de la Paz-1998); y, un reconocimiento al ser designado como miembro del "Grupo Maryland" para la búsqueda de alternativas de solución del conflicto limítrofe entre el Ecuador y el Perú.

Está casado con la señora María Cristina Dávalos, tiene un hijo.

UN CONSULADO AL SERVICIO DE LA COMUNIDAD

Con ocasión de la publicación de la segunda edición de la revista del Ancón Club, nos es grato presentar este artículo que recoge los hitos más destacados de la gestión del Consulado del Ecuador en Los Ángeles entre los años 2021 y 2022. En ese contexto, es importante resaltar la relevancia que da esta oficina consular a la protección de los derechos de todas las personas en movilidad humana y, sobre todo, el compromiso de todo el equipo consular con esta tarea.

Antes de entrar en detalle, es importante resaltar el rol que la política exterior en materia de movilidad humana ocupa dentro del Ecuador. Al respecto, nuestro país no solo promueve en todos los foros internacionales el derecho a la libre movilidad humana, sino que también se ocupa activamente de que todas las oficinas consulares del Ecuador velen por el cumplimiento de los derechos de nuestros ciudadanos en el exterior.

Uno de los efectos de la pandemia a causa de la Covid-19 fue, entre otros, la profundización de los procesos migratorios. El país también se vio inmerso en una crisis económica, social y de salud que todavía golpea a los sectores más necesitados de la sociedad. Como respuesta, el Ecuador tuvo que adaptar su institucionalidad y políticas públicas en materia de movilidad humana para, por una parte, cuidar por nuestros conciudadanos en el exterior y, por otra, generar condiciones favorables para el retorno de sus migrantes al territorio ecuatoriano. Por otro lado, hay que destacar que el Ecuador ha ratificado todos los tratados internacionales en materia de protección de los derechos humanos, los derechos de las personas en movilidad humana y los derechos de las personas en situación de protección internacional. A continuación se abordan los aspectos más notables en materia vulnerabilidad, gestión consular y acercamiento a la comunidad ecuatoriana a cargo del Consulado del Ecuador en Los Ángeles.

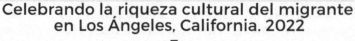

En asuntos de vulnerabilidad, el Consulado ha brindado asistencia personalizada y exitosa a sesenta y cuatro casos de reunificación familiar de menores de edad no acompañados en lo que va del presente año. Sobre este tema, mantenemos permanente contacto y coordinación con autoridades norteamericanas de Migración, Patrulla Fronteriza y División de Operación de Niños No Acompañados. Además, el Consulado apoya y asiste a adultos mayores, víctimas de abandono y abuso. En ese contexto, tres ciudadanos ecuatorianos, en situación de indigencia, fueron ubicados en hospedajes dignos y adecuados para su bienestar.

El Consulado ha puesto a disposición de los ciudadanos ecuatorianos en situación de vulnerabilidad, un abogado que brinda asesorías y consultas legales gratuitas en California en materia migratoria y asuntos penales. En esa línea es importante destacar que entre los años 2021 y 2022, se canalizaron donaciones de medicinas e insumos médicos hacia el Ecuador, por un valor que supera los 15 millones dólares.

El Consulado también procura estar cerca y ayudar a los ciudadanos privados de libertad. En lo que va del año, ha visitado a once compatriotas detenidos en la prisión federal "Lompoc", en California. Asimismo, el Consulado coordina su asistencia médica y, con la ayuda de la comunidad ecuatoriana en California, facilita apoyo económico simbólico en épocas de Navidad.

En materia de atención de servicios consulares y acercamiento con la comunidad ecuatoriana, se destaca el hecho de que mantenemos muy buenas relaciones con las organizaciones sociales ecuatorianas en nuestra circunscripción. Hemos creado sinergias para promover los valores culturales y las tradiciones del país. La concurrencia de ciudadanos ecuatorianos a los distintos eventos es cada vez mayor.

Los servicios consulares han llegado a un mayor número de personas. Hoy en día, los usuarios atendidos en nuestra oficina consular se han duplicado. Para brindar una mejor atención a nuestros usuarios, hemos implementado recientemente el sistema de citas electrónico y, próximamente, se pondrá a disposición mecanismos de pago electrónico con tarjetas de débito y crédito.

Finalmente, el Consulado desea resaltar el apoyo permanente y solidario de las diferentes organizaciones de ecuatorianos en la costa oeste de los Estados Unidos para alcanzar mejores condiciones de vida de los ciudadanos ecuatorianos, particularmente, de aquellos que se encuentran en situación de vulnerabilidad. Reiteramos, además, nuestro firme compromiso y decidido trabajo al servicio de la comunidad ecuatoriana para lograr mejores días para ustedes y para nuestro país.

Julio 12 de 2022
Consulado del Ecuador en Los Ángeles.

Ministerio de Relaciones Exteriores y Movilidad Humana

Consulado del Ecuador en Los Ángeles

7/18/2022

Señor Luis Coronel
Presidente del Club Ancón de Los Ángeles
15307 S. Crenshaw Blvd.
Gardena, CA 90249

Estimado señor Coronel:

El Consulado del Ecuador en Los Ángeles aprovecha esta oportunidad para extender al Club Alcón y a todos sus directivos e integrantes un caluroso y especial saludo, con motivo de los 49 años de su existencia.

Al tiempo de felicitar al Club Ancón por este importante Aniversario, le alienta a continuar con las acertadas actividades que desarrolla en beneficio de la comunidad ecuatoriana, así como en favor de las tradiciones culturales únicas y auténticas de nuestro país, tanto dentro como fuera de los Estados Unidos.

Atentamente,

EMB. Gustavo Anda
Cónsul del Ecuador en Los Angeles

3600 WILSHIRE BLVD. SUITE 1404 LOS ANGELES, CALIFORNIA 90010
(323) 658-6020 • EMAIL: ceculosangeles@cancilleria.gob.ec

Celebrando la riqueza cultural del migrante
en Los Ángeles, California. 2022

Ancon
Club
LA REVISTA

CONSULADO DEL ECUADOR EN LOS ANGELES
3600 Wilshire Blvd. Ste. 1404
Los Angeles Ca. 90010

Citas e Información:
www.consuladovirtual.gob.ec
Facebook: Consulado del Ecuador en los Angeles
Correo Electrónico: ceculosangeles@cancilleria.gob.ec
Twitter: @ConsuladoEcLA
Chat: http://m.me/ConsuladoEcuadorEnLosAngeles
Teléfono: (323)658 6020
Teléfono de emergencias (para situaciones que pongan en riego su vida): (323)943 3303

PROGRAMA MUSICAL
NAVEGANDO EN LOS RECUERDOS

Navegando en los recuerdos es un programa musical enfocado en recorrer el mundo de la balada romántica, donde recordamos todos los éxitos del pasado, con temas de los 60's, 70's y 80's y también conoceremos algunos aspectos de la vida de los cantantes y grupos de esas épocas. Nuestro viaje al pasado dura dos horas, en las cuales, nuestro objetivo es llegar al corazón de los oyentes, llenándolos de recuerdos y nostalgias.
El programa se emite todos los Viernes a partir de las 4:00 pm hora de Los Angeles,

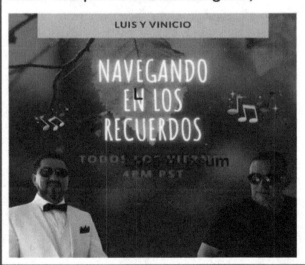

Los invitamos a participar de nuestro programa, solo tienen que entrar a la página de Luis Montenegro y podrán participar de los grandes éxitos del ayer. Gracias a los amigos del Club Ancón por su apoyo y felicitarlos por sus 48 años de vida Institucional y les deseamos muchos años de fructífera labor.

Comisión Permanente De Fiestas Patrias Ecuatorianas

CELEBRACION
25 Aniversario
DE LA DOBLE NACIONALIDAD

Siguiendo el legado de la distinguida Elba Berruz la lider comunitaria más importante del Ecuador en el exterior, el 23 de Enero en un majestuoso escenario celebramos el 25 aniversario de la Doble Nacionalidad y el Voto en el Exterior en el cual dimos la información de lo importante que es mantener este gran logro a las nuevas generaciones, en el marco de esta celebración distinguidos Clubs Ecuatorianos apoyando este legado fueron partícipes con la donación de comidas, bocaditos y el brindis que se sirvieron para el convivio entre hermanos ecuatorianos y latinoamericanos, también es importante recalcar que nuestros países hermanos presentaron gozosamente sus danzas para mostrar al mundo la grandeza cultural latinoamericana. En esta celebración homenajeamos como es costumbre a un grupo distinguido de ciudadanos en esta ocasión no podía faltar la presencia de personas que estuvieron en primera línea en estos difíciles momentos de la pandemia quienes fueron homenajeados y ensalzados de todo el honor y agradecimiento que se merecen.

Celebrando la riqueza cultural del migrante
en Los Ángeles, California. 2022

Ancon *Club*
LA REVISTA

Celebrando

DIA DE LA INDEPENDENCIA

¡Viva Ecuador!

Celebrando la riqueza cultural del migrante
en Los Ángeles, California. 2022

Ancon *Club*
LA REVISTA

RUDY RODRIGUEZ MUJER EMPRESARIA

Con una historia de inspiración

Cafe Fresco ubicado en 6254 Wilshire Blvd, Los Angeles, CA 90048.

"Café Fresco calificado como restaurante de comida Americana ubicada en el corazón de Los Ángeles, en una zona privilegiada, para el deleite de clientes de buen gusto," así lo describe su propietaria, Rudy Rodríguez, quiteña, amante de la diversidad gastronómica, quien después de muchos años en la rama de comida vio plasmado sus sueños con la adquisición de Café Fresco.

EL EQUIPO

Rudy valora y sistematiza que el TRABAJO EN EQUIPO es la clave del ÉXITO. "Somos un equipo de trabajo montados en una carreta con dirección al ÉXITO, nada nos detiene. En el 2022, nuestro sueño empresarial es una realidad. Gracias a mi esposo Jorge, mis hijos Aracelli, Dylan y George, quienes dirigen la parte operativa del negocio y a la comunidad Ecuatoriana que nos han apoyado con su presencia. Nuestra MISIÓN es servir con calidad y excelencia en servicio al cliente.

"¡Nuestro compromiso a corto plazo es implementar comida Ecuatoriana para hacer de Café Fresco un Restaurante de comida Americana-Ecuatoriana en Los Ángeles!"

Celebrando la riqueza cultural del migrante en Los Ángeles, California. 2022

Ancon Club LA REVISTA

11

¿Cómo legalizarse en USA?

Existen varias opciones para poder legalizar su estado migratorio en los Estados Unidos sin importar la forma en que usted entró al país.

Las leyes de Inmigración permiten a ciertos no-ciudadanos que son familiares de ciudadanos americanos y residentes permanentes legalizar el estado y hacerse residentes permanentes basados en la relación familiar.

- Familiar Inmediato: El esposo (a) de un ciudadano americano o el hijo(a) menor de 21 años, los padres de un ciudadano americano. El número de inmigrantes no está limitado y por eso es mucho más rápido este trámite.
- Otros Familiares: el hijo (a) soltero o casado mayor de 21 años, el hermano (a) de ciudadanos americanos o residentes permanentes, hermanos (as) de ciudadanos americanos. Estas categorías son limitadas y tienen una más alta preferencia dependiendo de la relación que exista, por lo cual estas peticiones pueden durar más.
- Prometido (a): el prometido (a) o el hijo (a) del prometido (a) de un ciudadano americano; en este caso entra con una visa de 90 días los mismos que tiene para contraer matrimonio o volver a salir del país.

Otras Opciones

Por medio del trabajo: Se puede legalizar el estado migratorio con la ayuda de un empleador siempre y cuando el trabajo esté en una de estas categorías y el empleador este dispuesto a patrocinarlo:

- 1ra Categoría (EB-01): El inmigrante tiene un talento especial en artes, educación, deportes, ciencias, o negocios, si es investigador calificado o gerente o ejecutivo de una compañía multinacional.
- 2da Categoría (EB-2): El inmigrante es un profesional con un alto título universitario y viene contratado por una compañía que no ha podido encontrar el talento específico que el inmigrante posee.
- 3da Categoría (EB-03): el inmigrante tiene una habilidad única en el trabajo con por lo menos dos años de experiencia con o sin título universitario.
- Inmigrante Inversionista: Esta categoría es (EB-05) para los inmigrantes que han invertido o están en el proceso de invertir de $500,000 a $1,000,000 en un nuevo negocio en los Estados Unidos.
- Asilo Político: Para poder calificar para esto, el inmigrante tiene que probar que es perseguido por raza, religión, género, nacionalidad o por pertenecer a cierto grupo social o político.
- Víctima de Abuso: Esta categoría tiene dos diferentes opciones:
  - VAWA: el inmigrante y sus hijos (a) son elegibles para poder pedir legalizar su estancia en el país si han sido abusados o golpeados por el esposo (a) quien es un ciudadano americano o residente permanente. Hijos de padres ciudadanos americanos o residentes permanentes que abusan o golpean a sus hijos.
  - Inmigración Especial de menores: Esta opción está disponible por protección de la corte para ayudar a los menores de edad que están siendo abusados o abandonados por uno o los dos padres.

Para ver una lista de todas las opciones que existen, formas y requisitos, visite la página:
https://www.uscis.gov/forms/explore-my-options

¿Qué es lo que no debe hacer si usted quiere legalizar su estado en este país?

Existen algunas ofensas criminales que lo hacen automáticamente inadmisible y otras que lo hacen inmediatamente deportable del país.

Aquí una lista pequeña de las ofensas que lo hacen inadmisible, nótese que esta no es una lista completa.

- El haber sido encontrado culpable o haber admitido culpabilidad de un crimen de depravación moral. Esto incluye asesinatos, violaciones sexuales, robo, secuestro, asalto agravado, abuso a menores, actos lascivos con menores, y fraude.
- Cualquier ofensa o convicción criminal relacionada con sustancias controladas o drogas.
- Cualquier 2 o más ofensas criminales que tengan una sentencia de más de 5 años juntas.
- Tráfico de drogas y estupefacientes, prostitución, estar involucrado en actividades criminales en otro país, tráfico de blancas, niños y-u órganos, lavado de dinero, cualquier relación con grupos terroristas, además de otras ofensas.
-

La siguiente es una lista de ofensas que lo hacen deportable del país:
- Convicción por un crimen de depravación moral de más de 1 año dentro de 5 años de haber sido admitido al país.
- Convicción por una felonía agravada.
- No haberse registrado con la ciudad o el condado después de haber sido
- Encontrado culpable de ser "Delincuente sexual"
- Cualquier convicción por sustancias controladas, drogas, estupefacientes
- El aceptar el uso/abuso habitual de drogas y estupefacientes
- Convicción por uso de armas de fuego
- Crímenes de violencia doméstica, incluyendo asecho y violación de órdenes de protección
- Crímenes en contra de un menor
- Tráfico Humano
- Terrorismo

Si Usted alguna vez ha sido arrestado o encontrado culpable de algún crimen, consulte un abogado de inmigración inmediatamente ANTES de tratar de legalizar su estado de inmigración o podría generar el trámite de deportación.

En muchos casos un abogado competente le puede ayudar a pedir el perdón a Washington que le podría ayudar a calificar.

Cortesía de,

Abogada Linda Carvajal

Otavalo, Ecuador, agradece a Emilio Rueda Quevedo

#JEL - Jóvenes Escritores Latinos

"No importa qué tan lejos puedo llegar, mi memoria me dirigirá a cada intersección para aclarar mi juicio y recordarme que soy un hijo de inmigrantes ecuatorianos," nos dice el Orgullo Ecuatoriano Emilio Rueda Quevedo, quien hizo posible esta posada comunitaria para motivar a los niños a que continúen en el camino de la educación, ya que Emilio es prueba misma de que la educación abre puertas que estarán cerradas para muchos.

Emilio es estudiante de la Universidad de Stanford, una de las universidades más prestigiosas de los Estados Unidos.

Gracias a su disciplina académica y a su familia que lo apoya en cada momento, Emilio Rueda es miembro de la Asociación de Estudiante de Honores a nivel nacional y es parte del 1% de estudiantes con calificación perfecta en el examen de admisión ACT.

Gracias a Emilio, a su familia y la comunidad Lojana en USA, #JEL - Jóvenes Escritores Latinos, hoy, esta escuelita en Otavalo cuenta con una computadora portátil para que los potenciales escritores escriban sus pensamientos y sus anhelos para su futuro.

Gracias Emilio por tu generosa donación a esta organización literaria y felicitaciones por haber sido aceptado a universidades tan prestigiosas como Yale, UCLA, USC, UCSB, UCI.

Pronto podremos leer los escritos de los jóvenes que gracias a Emilio, a Trudy Quevedo y al Ancón Club han logrado iniciarse como escritores publicados.

Para ver las fotografías del evento en Ecuador, usar este enlace.
https://n9.cl/59k4c

Jóvenes Escritores Latinos
#JEL
Creando activistas a través de las letras
info@editorialjel.org

Celebrando la riqueza cultural del migrante
en Los Ángeles, California. 2022

Ancón *Club*
LA REVISTA

MARIOTT SANCHEZ

CULTIVATE

YOUR COTERIE

SMALL BUSINESS MARKETING CONSULTANT

mariott.sanchez@gmail.com

PLACER MULTISERVICES

AUTO REGISTRATION SERVICES

SEGUROS DE AUTO
INCOME TAX
NOTARY PUBLIC
Fotos Pasaporte, ID

12407 Venice Blvd
LOS ANGELES CA 90066

310-636-8277
Cell: 310-242-3846
Email: blanca12407@verizon.net

Programa de Alimentos Gratis para la Comunidad

El Ancón Club tiene el gran honor de comunicar a la ciudadanía que estará ofreciendo, completamente gratis, alimentos de primera necesidad a la comunidad gracias a la sociedad lograda con Los Ángeles Regional Food Bank.

Todos invitados a retirar alimentos los segundos y cuartos sábados de cada mes a partir de las 10:00 am hasta las 12 del día en las inmediaciones del Ancón Club ubicado 15307 Crenshaw Blvd., Gardena, CA 90249.

Agradecimiento especial al Equipo de Voluntarios encargados de la distribución de alimentos que asistieron al entrenamiento para conocer los detalles de las regulaciones del programa de alimentos gratuitos a las que deberemos regirnos: Lupita Sánchez, Yolanda Hadlock, Gabriel Sánchez, Nelly Soto, Narcy Freire, Norma Alban, Bruno Santos, Candy Sorto, Heaven Oros, Miriam Burbano, Patricio Vásconez, Vicepresidente del Ancón Club y Luis Coronel, Presidente del Ancón Club.

EMPRENDEDORA EXITOSA

Lupe Villamarín Magallanes

Lupe Villamarín Magallanes nació en Ecuador. Todos sus estudios los realizó en Quito. Los conocimientos profesionales lo recibió en el Instituto de Diseño y alta costura dirigido por el Famoso maestro Miguel Angel Castañel.

A temprana edad y ante la invitación de sus hermanas, viajó a New Jersey, ni el idioma, ni las costumbres diferentes le impidieron para abrirse campo en los Estados Unidos.

Su primer trabajo fue a tiempo completo en una companía y parte de su tiempo en otra. La segunda companía daba servicio de corte de ropa a varias empresas, fue ahí donde puso en práctica sus conocimientos profesionales, su oficio era trazar, marcar y tender tela, cosa que lo desempeñó con maestría. Fue ahí donde surge la oportunidad y se inicia como cortadora de tela con excelentes resultados.

El dueño de la companía pidió a la Unión que ingrese el nombre de la nueva cortadora a su lista pero su petición fue negada porque ese tipo de trabajo era para hombres solamente. El caso fue a los tribunales y finalmente Lupe Villamarín se convirtió en la primera mujer cortadora registrada en la Unión de Nueva York.

Durante el tiempo que trabajó como cortadora, tuvo la oportunidad de conocer a grandes diseñadores de la moda como Oscar de la Renta. Un tiempo después Lupe Villamarín, dueña absoluta de su tiempo y de sus decisiones, viajó a Los Angeles donde con el apoyo de su hermana Adela, inició su propio negocio al que le nombró VILLAS CUTTING SERVICES en honor al nombre de la familia.

Por ese tiempo conoció a Benjamín Magallanes con quién se casó y procrearon dos hijos, el mayor está felizmente casado y es padre de un brillante niño. Lupe es la abuela más feliz del mundo, su único nieto se ha convertido en la luz de sus ojos, en sus pensamientos y en la Esperanza de alargar sus años de vida para verlo crecer. Richard su segundo hijo, dirige con sus padres el negocio de la familia. La empresa creció rápidamente, pues era tiempo de expanderse y para eso compraron un edificio en Los Angeles donde funciona VILLAS CUTTING SERVICES. Actualmente la familia adueña varias propiedades de renta.

MARIOTT SANCHEZ

Mariott Sánchez tiene 32 años, nació y se crió en Los Ángeles, CA de padres Ecuatorianos. Es una profesional de la publicidad con más de 11 años de experiencia. En su carrera, ha trabajado con una gran cantidad de marcas de renombre, incluidas marcas de telecomunicaciones, entretenimiento, juegos de video y enfoque en la industria automotriz.

Su especialidad es el contenido de marca personalizado, a través de la creación y ejecución de programas integrados para sus clientes. Aunque ella tiene experiencia trabajando en el mercado general, su pasión está en el espacio multicultural, creando contenido personalizado para personas de color.

Continúa su trabajo en el espacio, al mismo tiempo que se desempeña como consultora para pequeñas empresas que buscan expandir sus esfuerzos de márketing.

LA COPA DEL MUNDO, LOS NÚMEROS Y LA TRICOLOR

Por Vinicio Sánchez

La primera copa del mundo fue el 13 de julio de 1930 en Uruguay. El fútbol, pasión de multitudes, el deporte más jugado en el mundo, el que mueve multitudes, es la ilusión de todo un pueblo y la meta por alcanzar de un grupo (las selecciones). Ecuador por tradición, por costumbre o por lo que sea, no podía ser la excepción, cada 4 años, todos soñamos con llegar a la copa. Así, comienza un largo camino (las eliminatorias).

Sin ser un periodista deportivo, ni un analista profesional, solo un simple aficionado, me atrevo a recordar como Ecuador llega a disputar cuatro copas del mundo. Los números jugaron a favor de la tri. La primera vez que Ecuador disputó una copa fue el 3 de junio del 2002, clasificamos en segundo lugar sobre Brasil y bajo Argentina. Fue el mundial de Corea Japón 2002. Después de 72 años, pudimos acudir a una cita mundialista. Clasificamos con 31 puntos más 3 de gol diferencia, tras 9 partidos ganados, 4 empates y 5 derrotas. Su clasificación en gran parte se debe a su desempeño como local. (6 triunfos, 2 empates y una derrota).

Ancon
Club
LA REVISTA

Debutamos contra Italia 2, Ecuador 0, contra México 2, Ecuador 1 y luego Croacia 0, Ecuador 1 nos eliminaron en la primera fase. Este mundial fue Brasil campeón y nos guió el Bolillo Gómez.

Nuestra aventura continua con Alemania 2006 el director técnico el Bolillo Gómez. Hasta hoy, nuestra mejor campaña. Llegamos a octavos y estuvimos entre las 16 mejores selecciones. Le sucedió en el cargo Luis Suarez. Clasificamos al mundial con 28 puntos más 4 de gol diferencia, en tercer lugar después de Brasil y Argentina tras 8 partidos ganados, 4 empates y 6 derrotas. Igualmente, nuestra clasificación la debemos a la labor como local, ganó 7 partidos, y obtuvo 2 empates. En Alemania, perdimos con el anfitrión 3, Ecuador 0, ganamos a Costa Rica 0, Ecuador 3 y ante Polonia 0, Ecuador 3, pasamos a la siguiente ronda y perdimos contra Inglaterra 1 a 0. Eliminados, esta vez, Italia fue el campeón.

Luego participamos en Brasil 2014 donde clasificamos en cuarto lugar con 25 puntos más 4 de gol diferencia, el director técnico fue Reynaldo Rueda. Debutamos contra Suiza 2, Ecuador 1, con Honduras 1, Ecuador 2 y contra Francia 0, Ecuador 0 nos eliminaron. El campeón fue Alemania.

Y por último, en el 2022 clasificamos para el mundial de Qatar. Llegamos con 26 puntos más 8 de gol diferencia, acudimos por cuarta vez a la cita futbolera. Esta vez nos posicionamos en el cuarto lugar, debajo de Brasil, Argentina y Uruguay, como timonel, Gustavo Alfaro, sucesor de Jordi Cruyff quien no dirigió ni un solo partido. En el sorteo, nos tocó el grupo A, nos enfrentaremos a Qatar, Holanda o Países Bajos y Senegal.

Y como nos podemos dar cuenta, siempre estamos a la espera de los 25 puntos como referencia para llegar al mundial, los números siempre tienen mucho que ver al final. Suerte mi Ecuador, esperamos mucho de ti. Muchachos, si se puede.

Ancon Club
LA REVISTA

Mi nombre es Steven García. Nací en Ibarra-Ecuador, tengo 29 años. Mi sueño de diseñar y construir empezó en el año 2010, en donde empecé mis estudios de tercer nivel de Arquitectura en la ciudad de Quito, en la Universidad de las Américas.

En el año 2016 llegué a Los Ángeles, California, a seguir cumpliendo mis metas, estudié en Los Ángeles Valley College (Construction Management) y actualmente sigo estudiando Ingeniería Mecánica para el diseño de plomería y aire acondicionado en la CSUN.

Tengo 5 años de experiencia en este campo y he trabajado para diferentes firmas reconocidas en California.

En el año 2020 empecé con mi pequeña compañía de consultoría y diseño de restaurantes y residencias arquitectónicas ubicada en Van Nuys, en las afueras de Los Ángeles. Concentrándome en el diseño de ADU, remodelaciones, restaurantes (pequeños y grandes), cafeterías, panaderías, bares, mercados y todos los demás establecimientos de alimentos.

Disfrute de nuestro viaje al pasado, son 2 horas de recuerdos.
Visite nuestra página Navegando en los Recuerdos todos los Viernes

4:00 pm
Los Angeles

6:00 pm
Ecuador

7:00 pm
New York y
New Jersey

Celebrando la riqueza cultural del migrante
en Los Ángeles, California. 2022

24

Ancon
Club
LA REVISTA

FARMERS
INSURANCE

• Home • Auto • Life • Business • Workers Comp

Federico Almeida
Farmers Agency
(323) 530-0320
821 W Whittier Blvd Suite 200
Montebello, CA 90640
www.farmersagent.com/falmeida
CA Producer Lic#0185444

SEGURO DE VIDA - LA BASE DE LA CONSTRUCCIÓN FINANCIERA

Lo inesperado puede pasar y lo acabamos de vivir en el año 2020, con la pérdida de amigos y familiares a causa de la pandemia, el fallecimiento de un ser querido conlleva, además de los daños emocionales, pérdidas económicas irreparables para nuestras familias. La industria de seguros está aquí para responder financieramente a las familias en caso de fallecimiento de la persona que sustentaba el hogar y evitar que sus sueños y metas no se vean truncadas por esta tragedia.

A través de un sencillo sistema de pólizas de seguro de vida al alcance de todas las personas y presupuestos, podemos proteger a nuestra familia. Los planes que ofrecen las compañías de seguros son Seguro de Vida Temporal (generalmente por 10, 20 o 30 años) o Seguro de Vida Permanente.

Consultar con un especialista en seguros de vida es esencial al comenzar a planificar sus sueños y metas financieras, ya que el seguro de vida será la base para esta construcción. Una consulta sobre este tema es totalmente gratuita y nos permite ampliar la información sobre protección familiar.

No dude en contactarnos para cualquiera de sus necesidades de seguro: Casa, Auto, Vida, Negocios y Compensación al trabajador.

Federico Almeida   -   Farmers Agency   -   (323) 530-0320

ESPIRAL FAMILIAR Y LA MIGRACIÓN

Escribir sobre la familia es como dibujar un espiral que trae a mi mente recuerdos que van desde mi infancia y en cada giro van apareciendo vivencias, aciertos, caídas, experiencias, discrepancias y aprendizajes que nos permite ratificar lo que nos dice Virginia Sátir psicoterapeuta familiar estadounidense,

Partir en búsqueda de nuevos horizontes es renunciar a lo conocido y eso lleva a poner en nuestra mente propósitos, sueños, miedos e incertidumbres; eso es lo que pasa en una familia cuando uno o varios de sus miembros deciden migrar.

Para escribir este artículo entrevisté a Hellen Frenzel ecuatoriana que migró hace 16 años a Alemania y le pedí compartir sus vivencias que fueron surgiendo en estos años de migración; el amor a su esposo de origen alemán y un hijo en camino le llevó a dejar su país y formar su hogar multicultural amalgamando costumbres y criterios hasta consolidar su propia identidad dándose el espacio de crecimiento y desarrollo.

A quienes leen estas letras invito a que visualicen su espiral familiar con una mirada integral que les permita sentirla en movimiento, con apertura al cambio que exprese lo que transmite fusionar las culturas para abrir nuevos caminos.

Carmen Miño Córdova
Terapeuta familiar
@neurodisenohumano

POEMA
AQUÍ Y AHORA

Quiero gritar tu nombre a los cuatro vientos
quiero conjurar tu nombre
barril sin fondo
hueco del mundo
y amarrarte a la pata de la cama
cosa mía
y decir que estoy aquí
que aquí vivo
aquí habito y amanezco
que aquí milito y anochezco el sueño
bandera de otro
viajero sin pies
hueso y pellejo
lobo y oveja
realidad sonámbula

... Continúa

Cuatro veces te nombro
cuatro veces me abandonas
dos y dos se hacen cuatro vientos
dos y dos se hacen bocanada
Aquí me pertenezco al lugar
de los cuatro vientos
que los cuatro vientos
te traigan hasta mi ventana
de tijeras y sueños
de espantapájaros y hadas.

Hellen Frenzel

https://www.hellenfrenzel.com/

HECTOR "EL GUAMBRA" REAL
Por Mario Bejarano

Nacido en la bella ciudad de Ambato, de profesión Contador Público, Héctor "El Guambra" Real, empieza con su vocación por el canto a muy temprana edad, desde los 7 años ya cantaba en su escuela. En el año 1.971, comienza a cantar de forma profesional integrándose a la orquesta "Estambul Jazz," en la ciudad de Ambato. En los años 80's viaja a los Estados Unidos y forma parte de la prestigiosa Orquesta "La Compañía" perteneciente al emblemático Fredy Flores, además de otros grupos musicales. Su ritmo favorito es el tropical y también tiene la oportunidad de dar a conocer la música ecuatoriana, cantando pasillos y en 1.982 se hace presente en la inauguración del prestigioso restaurante "El Caserío". Elbita Berrúz, es quien apoya a Hector y le ayuda a darse a conocer haciendo presentaciones en Las Vegas, San Diego, San Francisco, New York, etc. Dado su trayectoria en la música ecuatoriana, en el 2015, recibe la nominación representando a California, a recibir el Premio "Tributo Ecuatoriano".

Cuenta con un respaldo de 3 CD's de Música Nacional Ecuatoriana dirigidos por Carlos Vargas y tiene una especial gratitud hacia Elbita Berrúz, Patricio Vásconez y los presidentes del Ancón Club que lo han hecho partícipe de sus actividades culturales artísticas.

Estimado "Guambra," eres un digno representante musical de la hermosa ciudad de Ambato y del Ecuador entero. ¡Felicidades!

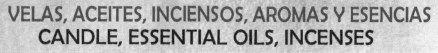

Celebrando la riqueza cultural del migrante
en Los Ángeles, California. 2022

Ancon Club
LA REVISTA

ECUAWORLD EXPRESS

Hola amigos los saluda María Viana Salvatierra de German, tengo 40 años, mi esposo y yo somos Ecuatorianos. Administramos desde hace cuatro años ECUAWORLD EXPRESS, un Courier dedicado a enviar encomiendas desde Estados Unidos a Ecuador, estamos ubicados en la ciudad de Los Ángeles, durante ya más de 40 años.

Debido al esfuerzo diario de las personas que han estado a cargo de nuestro negocio, contamos con la confianza y seguridad a través del servicio que ofrecemos a la comunidad inmigrante.

Nuestra historia con Ecuaworld comienza cuando llegamos a Los Ángeles hace ya 9 años y comenzamos a enviar cosas a nuestras familias. Allí conocimos a Sra. Guillermina, la segunda persona en administrar el Courier, quien lo recibió de la Familia Viteri (fundadores originales de Ecuaworld).

Con ella incursionamos en el negocio y cuando ella decidió retirarse continuamos con este legado, siempre pensando que el éxito comienza viendo posibilidades; innovamos nuestro plan de negocios para mejorar calidad de vida y servicio, proyectándonos hacia nuestra comunidad migrante, volvimos a reactivar la venta de productos importados de Ecuador.

Nuestro éxito se basa en que nosotros aportamos valor a nuestro servicio, acoplándonos y resolviendo las necesidades de nuestro cliente. Conocemos nuestro segmento de mercado, ellos son los inmigrantes, "el corazón" de nuestro negocio. Además, nuestro recurso clave radica en la atención personalizada; el equipo de trabajo de nuestra empresa atiende al cliente con calidad y calidez tratando de estar siempre al día en los cambios aduaneros para asesorar a nuestra comunidad.

La seguridad que brindamos a los clientes en el trato es rápido y eficaz y garantiza un servicio perfecto de pre y post envíos de sus paquetes. El cliente que envía con nosotros sabe que va a hablar con un experto y que le van a asesorar de una manera honesta sobre qué productos comprar y enviar a sus seres queridos; cada vez son más personas las que se encuentran felices y confían en nuestro servicio de envíos.

Por eso nos enorgullece nuestro lema: "Desde 1984 conectándote con tu familia de Estados Unidos a Ecuador".

CONEXIÓN DIGITAL MIGRANTE

No puedo imaginar, como hace 20 o 30 años atrás, un migrante podía no solo lidiar con el impacto que significa dejar a su familia, su hogar, y comenzar muchas veces de cero en un nuevo lugar y sin esa conexión digital que nos permite no extrañar tanto y todo. Ahora en este tiempo donde los abrazos son virtuales, los besos digitales, los cuentos son en audios, las reuniones en videollamada y el extrañar es una paradoja entre fotos, videos, me gusta y memorias cibernéticas. ¡No es más fácil estar lejos, pero no se siente tan gigantes las distancias!

Sin embargo, hay que reconocer que existe dos grandes generaciones entre quienes emigraron hace mucho tiempo atrás y quienes recién lo hicieron, en muchos casos – no todos – los primeros ya pudieron reunir a sus familias y pueden

The best team!!

gozar de su compañía, de ver crecer a sus generaciones y de llamar completamente hogar y familia al lugar y las personas con las que viven o tienen cerca, pero es una suerte que los que tomaron esta decisión hace poco aún no pueden contemplar y es por esa razón que tal vez el tema virtual no es tan importante para ellos.

Es en esta época donde la tecnología juega un papel esencial en el fortalecimiento de las relaciones, incluso estar mucho más cerca que otras personas físicamente, hay situaciones que realizamos con mayor apego, por ejemplo como hijos adoramos llamar a nuestros padres para que nos cuenten sus mil cosas por hacer, como parte de un círculo familiar nos volvemos un apoyo digital en los eventos familiares, y claro como padres nos ha tocado aprender sobre herramientas que jamás imaginamos necesitar con el único fin de seguirles el paso a nuestros pequeños. Yo decidí subirme a esa aventura y creo ser una mamá 100% digital buscando aprender para ser parte de esta Conexión digital migrante! Y tú.. ¿Te consideras parte de la generación con esta increíble conexión digital migrante?
Caro Rivera Plaza
Comunicadora Empresarial
@caroyconciso

1972

EDMUNDO PÉREZ OVIEDO
POETA ECUATORIANO

ROMANCE DE LA DULCE LUNA

A mi hija Ximenita

Mi niña es un botón
del jardín de la vida.
Tres años hacen la fiesta
del amanecer primavera.

Esta noche hay luz
sobre un caminito de piedras,
las sombras nos abren paso
como principio de fiesta.
Hay luna llena redondo confite
o ninfa vestida de azul y blanco
con lentejuelas de sol
bordadas por el espacio.

Vuelan aromas de nochebuena
como invisibles palomas
emplumadas por el aire.

Mi niña se inclina a la fuente
donde la luna se ha retratado,
las dos se miran de frente
y cerca están de darse la mano,
mas la luna con su experiencia
solamente perlas de agua
le ha regalado para no enojarla.

La niña me mira y me mira
sonriente y al fin nos vamos
caminando, todavía mirando al cielo.

La luna en un lecho de nubes
parece ya estar soñando.

Celebrando la riqueza cultural del migrante
en Los Ángeles, California. 2022

Ancon Club
LA REVISTA

Disfruta nuestras tradiciones

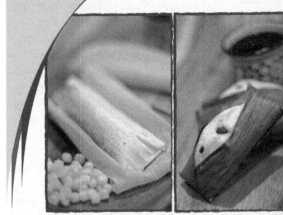

Vendemos Cultura Gastronómica

"Ecuadorian Taste" es una marca familiar orgullosamente Ecuatoriana, que nace de mi profundo amor a la cultura y tradición gastronómica. De la necesidad de dejar el legado de "Mantener y compartir tradiciones". Con su nombre en Inglés porque EEUU hoy, es nuestro hogar, sin embargo, Ecuador alberga nuestras raíces. El propósito de este emprendimiento es "Destacar la Gastronomía ecuatoriana bajo la Misión de ofrecer alternativas de snacks tradicionales que son apetecidos por nuestra comunidad.

Nuestra Visión, es entregar productos de calidad que nos identifiquen con la nostalgia de estar lejos de nuestro País. La nostalgia nos hace extrañar el tiempo que compartíamos con familiares y amigos, ese café de la tarde y largas conversaciones acompañado de una Humita, Quimbolito, Empanada de verde, etc. Aquellos, nuestros sabores y recuerdos. *Sandra Samaniego*

Celebrando la riqueza cultural del migrante
en Los Ángeles, California. 2022

Jenny Bustamante os saluda, soy orgullosamente ecuatoriana de la linda ciudad de Quito. Mi sueño siempre fue venir y triunfar en este país para darles un mejor futuro a mis hijos. Mi lema siempre es que sueñes en grande, porque con perseverancia, dedicación y constancia podemos alcanzar y realizar nuestros objetivos.

Al comienzo no fue fácil emprender esta aventura, pero siempre estuve de la mano de mi esposo Pablo. Por un tiempo como todos en estatus ilegal, pero gracias a Dios lo superamos y juntos hemos sacado adelante a nuestros 3 hijos; hoy profesionales y felices con la llegada de nuestro nieto Gabriel.

Fue duro dejar atrás mis raíces, tu familia adorada, aprender un nuevo idioma, nuevas costumbres y mirar otros rostros desconocidos, pero cumplimos nuestra meta. Se dice que este es el país de las oportunidades, pues si, mi sueño fue ser una profesional en bienes raíces, aparte con la ayuda de mi esposo trabajamos en ventas, decidí ponerme el objetivo de ser una realtor (Licenciada en Bienes Raíces) y lo logré; trabajo actualmente para Keller Williams Cia, una de las empresas más prestigiosas del país, en donde mi más grande satisfacción es poder ayudar, asesorar a la comunidad latina para tener su propio techo y ver perfilada una enorme sonrisa de alegría cuando reciben en sus manos las llaves que son el producto de un sueño más cumplido.

¡Estoy a las órdenes para poder ayudarte!

TECH-N-TAX

Sirviendo la comunidad Latina
804 N Avalon Blvd, Wilmington CA 90744
(310) 408-8752
www.techntax.com

No Tengo Seguro Social. ¿Puedo Hacer Mis "Taxes"?

Sirviendo a nuestra comunidad hispana hemos aprendido muchísimo, ya que en este ámbito pueden aparecer muchos casos que no son usuales para la mayoría de estadounidenses.

La respuesta a la pregunta es **SI**. Si una persona no tiene seguro social, pero tiene ingresos superiores a cierta cantidad, debe presentar una declaración de impuestos. Para ello puede solicitar un ITIN (número de identificación de contribuyente).

¿En qué me beneficio?

1. Está cumpliendo con la ley. Además de beneficiarnos en la calidad de vida y servicios en este país, pueden ser muy útiles para calificar para préstamos, beneficios del gobierno, ayuda para la educación de sus hijos y especialmente para cambiar su estatus migratorio.
2. Aunque haya conseguido ingresos bajos puede calificar para recibir un reembolso, ya que probablemente en su trabajo le retuvieron algún valor adicional.
3. Si no le retuvieron lo suficiente de impuestos, entonces conseguirá el valor que adeuda al IRS, de lo que no podemos escapar evitando presentar impuestos. Es mejor hacerlo tiempo y evitar el pago de multas e intereses.
4. Cuando presenta impuestos está también declarando su aportación y la de su empleador para la jubilación y Medicare. Cuando consiga un seguro social válido todos esos valores serán tomados en cuenta.
5. Si tiene dependientes conseguirá créditos tributarios y serán reembolsables si son menores de 17 años calificados.
6. Con su número de ITIN puede abrir una cuenta de banco o registrar un negocio.

La lista de beneficios es más larga y como profesionales en el área le recomendamos que presente sus impuestos cada año a tiempo y evitará muchos dolores de cabeza.

Fabián & Marleni Castillo
PROFESIONAL TAX PREPARERS
e-mail: techntax@gmail.com

Celebrando la riqueza cultural del migrante
en Los Ángeles, California. 2022

Ancon *Club*
LA REVISTA

VIRGEN DOLOROSA
Venerada por los Ecuatorianos

MISA DE ANIVERSARIO EN HONOR A LA VIRGEN LA DOLOROSA

Cordialmente invitados a celebrar la Santa Misa

DIA: Sábado 22 de Abril del 2023
HORA: 11:30A.M.
LUGAR: Cristo rey Catholic Church
            4343 Perlita Ave
            Los Angeles, Ca. 90039

HISTORIA DE LA VIRGEN DOLOROSA

Era la noche del 20 de abril de 1906, en el antiguo edificio del Colegio San Gabriel, en las calles Benalcázar y Sucre, en el Centro Histórico de Quito.

Tan solo 36 estudiantes cenaban en el comedor, ya que eran las vacaciones de Semana Santa. A las ocho de la noche, Carlos Hermann se quedó atónito cuando observó cómo se movían los ojos de la Virgen de los Dolores que estaba en una litografía. Jaime Chávez también miró ese fenómeno. Y la voz corrió entre los estudiantes y al sacerdote jesuita Andrés Roesh,
Un mes después, la autoridad eclesiástica de Quito dictaminó que ese hecho fue cierto.

En 1956, la Madre Dolorosa fue coronada canónicamente, como legado pontificio, como la Reina de la Educación Católica en el Ecuador por intermedio del entonces Arzobispo de Quito, cardenal Carlos María de la Torre, en representación del papa Pío XII.

JORDAN PURCHASE

Desde que era un niño pequeño, mis compañeros me han reconocido como una persona llena de compasión hacia las personas y dedicación a mi trabajo. Debido a que mis padres notaron mi potencial para crecer más allá del aula, decidieron educarme en casa durante mis años de primaria y secundaria. Esta experiencia me permitió ganar un fuerte sentido de automotivación en mi educación y me equipó con numerosas habilidades que mejoraron mi capacidad de aprendizaje, lo que en consecuencia me permitió graduarme como co-valedictorian de mi clase. Además, la educación en el hogar proporcionó un horario flexible que permitió a mi familia hacer numerosos viajes juntos., A la edad de trece años, tuve la experiencia más impactante de mi vida: un viaje de tres semanas a Ecuador, donde fui testigo de primera mano de las luchas que la gente sufrió en los países del tercer mundo.

En este viaje pude observar como mi abuela, que había inmigrado de Ecuador a la edad de veintidós años, había retribuido a su propio país apoyando económicamente a su familia y construyendo una escuela para niños desfavorecidos. Su generosidad tuvo un impacto duradero en mí y solidificó la importancia de dar a los menos afortunados. Se plantó una semilla en mi mente en ese momento, y se formó mi meta en la vida: Algún día establecería una organización para proporcionar recursos a aquellos en circunstancias menos afortunadas. Agradezco la educación y las experiencias que me brindaron mis padres, pero desafortunadamente, muchos niños no tienen el amor o el apoyo necesarios para lograr sus metas. Quiero romper este ciclo y brindar una oportunidad para que estos niños prosperen. Anticipo que este apoyo alentará a estos niños, cuando sean mayores, a seguir y continuar este modelo de caridad.

Después de mi graduación, planeo asistir a la Universidad de Northwood, donde buscaré un título en finanzas. Después de obtener mi título, mis planes son comenzar mi propio negocio de planificación financiera donde crearé un ambiente de trabajo ideal para mis empleados y una experiencia positiva para mis clientes, e instituir la organización que me permitirá seguir los pasos filantrópicos de mi Abuela. Al comenzar el próximo capítulo de mi vida, espero enfrentar los desafíos que se presentan en mi viaje para lograr estos objetivos. No puedo estar más agradecido por el apoyo que me han brindado mis padres al prepararme para la Universidad y mi futuro.

JORGE UNISEX
HAIR STYLISTS
(323) 568-6323

HORARIO DE ATENCION

Lunes a Sábado
9:00 AM - 7:00 PM

Domingo
9:00 AM - 3:00 PM

350 S. VERMONT. LOS ANGELES CA. 90020

Ancon Club
LA REVISTA

Celebrando la riqueza cultural del migrante
en Los Ángeles, California. 2022

Ancon *Club*
LA REVISTA

Celebrando la riqueza cultural del migrante
en Los Ángeles, California. 2022

Ancon
Club
LA REVISTA

"2DEEP" Luis Cárdenas
Entrevistado por Juan Mario Bejar

Luís Hernan Cárdenas

Luis, flamante DJ y productor de música, nació en el Bronx, New York, de madre ecuatoriana y padre colombiano, reside en Los Ángeles. Todo empieza con su buen gusto musical, el cual lo trae desde muy niño y así, como a los 16 años de edad, cuando siente ese gran apetito por la música, en su cumpleaños gracias al regalo que le otorga su querida hermana Jakie, adquiere su primer equipo de DJ, además empieza a tomar clases de sincronización musical. Ahora, con una experiencia de más de 12 años, visita diferentes países con su habilidad musical; actualmente se encuentra colaborando como productor de música, con aclamados artistas como por ejemplo con el reguetonero Nata Mexicano.

Cuando escuchas su sonido musical, es algo que te enciende, un ritmo candente y contagioso, así "2DEEP" logra conectarse y estremecer con sus ritmos a las masas más exigentes. "2DEEP" es creador de un sabor musical estilo europeo, tipo electrónico, una mezcla magistral del ritmo guaracha, con techno y house, un sabor musical exquisito que tiene miles de seguidores y su mamacita, Dinora Cárdenas, no podría ser la excepción. Ella ha sido un verdadero ejemplo de disciplina y trabajo duro para Luis, que hábilmente adquirió y emplea con gran maestría en su sonido musical.

Nuestras más sinceras felicitaciones para tan gran joven personaje, un verdadero orgullo no solo para Ecuador, sino para toda la comunidad latina.

EL ARTE CULINARIO DE WILLIAM VELASCO
Entrevista por Juan Mario Bejar

William Velasco y su querida mamacita Raquel Rosero, (oriundos de Ambato, - Ecuador), fueron sin lugar a dudas unos de los pioneros de la comida ecuatoriana en la ciudad de Los Ángeles, junto con otros grandes como Carmen y Alejandro Platón, Dinora Cárdenas, El Capitán (que descanse en paz), entre otros pocos de aquellos tiempos. Su amor por el arte culinario viene desde que vivieron en el Ecuador, con productos creados por ellos de la marca, "Condimentos California" que tuvieron gran aceptación en el Supermaxi y La Favorita, entre muchos otros lugares de venta. A inicios de los 80's, abren el Restaurante El Caserío, en la Valencia St. & 8th en Los Ángeles, lo cual, marca el inicio que les lleva a estar en el tope del foco culinario durante ya más de 40 años de existencia aquí en la ciudad de Los Angeles, California.

William, un joven ambicioso del arte de la cocina, decide profundizar en la buena cocina, estudiando y graduándose en el Culinary Institute of America.

Así, El Caserío, fue el encargado de preparar la comida y los bocaditos para eventos del Consulado del Ecuador en Los Ángeles o eventos del desfile ecuatoriano.

Actualmente, ya cerrado El Caserio, continúa con su fantástica labor de la buena cocina, en Baja California, donde ya tienen una tremenda aceptación con su arte. Mis mejores augurios para que William y su familia continúen cosechando éxitos con su sazón y buen sabor.

**Celebrando la riqueza cultural del migrante
en Los Ángeles, California. 2022**

Ancon *Club*
LA REVISTA

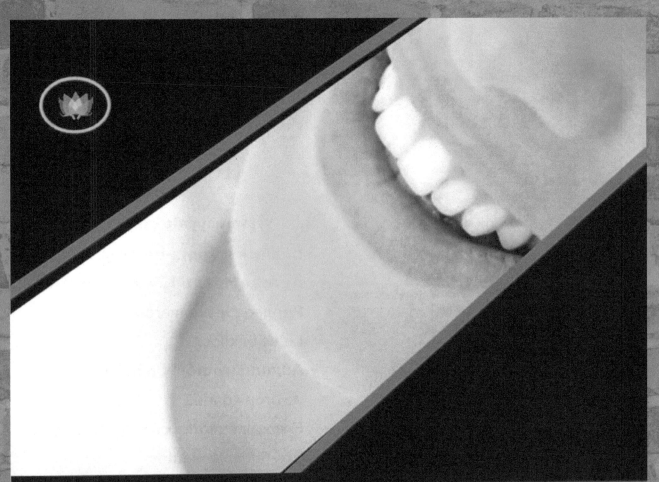

DENTISTRY

JOSE R. TORRES D.D.S.

GENERAL DENTIST

3619 E. Slauson Ave. Suite B
Maywood Ca 90270

Phone (323)589-7440
Fax (323)589-7448

Edda Ángela Berruz, Madre Símbolo 2022 de ERE y de la Comunidad Ecuatoriana

La señora Edda Ángela Berruz Morán nació en la ciudad de Los Ángeles, California, el primero de agosto de 1968.

Segunda hija del matrimonio de Carlos Berruz y Elba Morán Antón, ambos ya fallecidos. Tiene tres hermanos: Carlos, Jackeline y Karla. Se gradúa del Benjamin Franklin High School en 1986 y luego en el 2003 en el Glendale City College donde obtiene un grado en Ciencias de Salubridad. En el año 2012 es certificada como nutricionista profesional por el Arizona State University.

Desde muy joven ha participado en eventos relacionados con el Ecuador. En 1984 fue reina del Club Nacional y fue proclamada Señorita "Simón Bolívar". Estuvo muy pendiente de las actividades de sus padres especialmente cuando la lucha por la obtención de la Doble Nacionalidad y el Voto en el Exterior para los ecuatorianos que residen en el exterior que finalmente se consiguió en 1997 por labor de su señora madre, doña Elba Berruz, de grata recordación.

Eddita es la tercera generación de la familia en obtener el título de Madre Símbolo: Su abuelita paterna, doña Edda de Berruz fue Madre Símbolo en 1988; su madre, doña Elba Berruz lo fue en el 2013 y ahora en el 2022, Edda fue distinguida como Madre Símbolo de E.R.E (Ecuatorianos Residentes en el Exterior) en una fiesta que aglutinó a distinguidas damitas y valiosos personajes de la colonia ecuatoriana como las señoras Diana Delgado, Karina Galvez, Marlene Figueroa, Dra. Cynthia Coello y caballeros como el señor Jaime Jarrín, el general Francisco Aguirre, el Coordinador General de E.R.E. Franklin Figueroa Sr., el auditor Edgar N. Palacios, etc. Todo esto previo al torneo galante de Madres Símbolo de las instituciones ecuatorianas del Sur de California que se dieron cita el pasado Domingo 15 de Mayo, en la residencia de la Presidenta del Frente Unido Ecuatoriano, doña Violeta Silva, para de entre ellas elegir a quien ahora es nuestra Madre Símbolo Ecuatoriana 2022, señora doña Edda Berrúz.

Estas galantes ceremonias y designación han vuelto a tener el respaldo y la satisfacción por partida doble de la activa y muy distinguida Colonia Ecuatoriana local. ¡Felicitaciones!

QUE ES UNA HIPOTECA REVERSIBLE Y COMO FUNCIONA

MARCELA HURTADO
Cell: (949) 306-5616
NMLS #297725

Los préstamos de hipoteca reversible no requieren pagos mensuales siempre y cuando la propiedad sea su residencia principal y viva ahí mínimo 6 meses. Sin embargo deben ser pagados en su totalidad, incluyendo todos los intereses y otros cargos, cuando el último prestatario muere, vende la casa o se muda permanentemente. Como usted no hace pago mensuales, la cantidad que debe aumenta con el tiempo. A medida que su deuda aumenta, la cantidad de dinero en efectivo que le quedaría después de vender y pagar el préstamo (su capital) generalmente disminuye. Sin embargo usted generalmente no puede deber más del valor de su casa en el momento que se paga el préstamo. Los prestatarios de hipotecas reversible continuan siendo dueño de la casa, así que no hay preocupación de que su casa no sea suya. Usted seguirá siendo responsable de los impuestos sobre la propiedad, el seguro y las reparaciones. Si no cumple con estas responsabilidades, su préstamo podría vencerse y ser pagadero en su totalidad. Para calificar los prestatarios deben tener por los menos 62 años de edad.

Si desea más información sobre este tipo de financiamiento mi número de contacto es: (949) 306-5616.

DULCISFAMA

El nombre de **DULCISFAMA LLC.** nace de la dulzura que tiene en las manos Fátima Marisol. Maestra panadera-Pastelera, Guayaquileña de padres manabas. Ella estudia esta profesión junto a lo de maestra en belleza para poder darle a sus hijos el tiempo que ellos necesitaban durante su niñez y además ayudar de manera financiera de alguna manera a su esposo.

Como madre y gracias al corazón dulce que tiene llega a L.A California en el año 2017 para ayudar a sus hijos y nueras con la crianza de sus nietos. Pero no es sino hace 3 cortos meses que con la ayuda de su hija política Herlinda y el apoyo de su esposo e hijo menor Jonathan se anima a abrir en las puertas de su casa este emprendimiento. *"Damos inicio a Dulcisfama porque nosotros como ecuatorianos necesitabamos ese sabor de Ecuador en nuestros desayunos"* explica

Fátima, quien un día decide dar en casa la mayor de las sorpresas y elabora unos panes enrollados mismos que trajeron los recuerdos de cuando ella horneaba en su casa cuando sus hijos estaban pequeños.

Nosotros somos un solo puño, somos personas de principios y buen corazón, eso tratamos de transmitir a todos los que llegan a nuestro hogar. Gracias a DulcisFama hemos encontrado a personas que ahora son nuestros amigos y queremos agradecer a todas las personas que han confiado en nosotros y nuestros productos, todos ustedes han dejado una huella en nuestros corazones.

Estamos completamente felices de saber que hemos sido aceptados por la nuestros hermanos ecuatorianos dentro y fuera de California y sobretodo agradecer a quienes no son ecuatorianos pero nos hacen pedidos como si lo fueran porque les gusta nuestro producto.

2151 W. 108th St.
Los Angeles, CA. 90047
Email: dulcisfama@gmail.com
Phone: (424) 344 - 8997

Trabajo y fe / de la nada a Prada.

"We Buy & Sale Closeout"

Javier Alvarado & Cynthia Moya Alvarado, sus 5 hijos, Marvion 15, Justin 12, Jacob 10 y sus dos hijas Aliyah 8 y Laylani 4. Familia que con mucho trabajo lograron forjarse un futuro promisorio, acompañado de la fe, pues nunca perdieron la fe de que lograrían llegar a buen puerto y alcanzar el anhelado sueño americano.

No les fue nada fácil, pues tuvieron que batallar día y noche, venciendo todo tipo de obstáculos, estigmas y paradigmas, y hasta privaciones económicas, familiares y sociales, pero la fe nunca se perdió, se logró el objetivo y se allanó el camino al éxito.

Quedó demostrado que quien persevera, alcanza. Felicitamos a esta familia que nos da y sigue dando un buen ejemplo de superación y sobre todo, vale recalcar que no han perdido la humildad y su gesto de colaboración decidido y oportuno hacia esta comunidad a la que pertenecen. Me honro en resaltar su trabajo honrado y laborioso, por lo que han logrado el éxito convirtiéndose en maravilloso ejemplo digno de ser emulado.

Amigas y amigos aprovechen los buenos precios que tenemos en Doraval Deals and Discounts. Vengan y lleven todos los productos para su hogar.
Estamos ubicados en el 2879 Main St., Riverside, CA 92501 - de lunes a sábado de 9 am a 6 pm.
Por Electra Alvarado

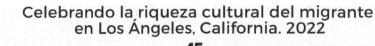

Celebrando la riqueza cultural del migrante
en Los Ángeles, California. 2022

Ancon Club
LA REVISTA

IRLANDA MONTES: MUJER EXITOSA

Dejé mi Cuenca querida a los 13 años, con mis dos hermanas mayores acompañadas de nuestra madrecita. Veníamos de camino a Los Ángeles a encontrarnos con mi hermana y dos hermanos mayores que ya se habían establecido acá. Dejamos atrás a nuestro padre, familiares, amigos, costumbres y la tierra que nos vio nacer.

Mi esposo Ray y yo empezamos a trabajar juntos en diferentes negocios por cinco años antes de enamorarnos y casarnos. Después de 4 años de casados, y varios negocios pequeños que no rendían mucho y entonces decidí sacar un producto al mercado, la exquisita salsa de mi madre, que con mucho amor preparaba con chips frescos cada reunión familiar. Empecé mi jornada hace 10 años. Después de trabajar en oficina, y con una trayectoria de muchos años trabajando para la industria de la ropa como diseñadora gráfica, me lancé a vender la salsa en farmers markets con la ayuda de mi querida hermana Mimi. Los primeros días que llevé la salsa a los mercados, le di a los clientes de probar la salsa con una cuchara, pero los clientes querían chips para probarla. Es cuando decidí hacer mis propios chips. Para mi sorpresa, todo el que probaba los chips los quería comprar. Sin mucho planear ni pensar, empecé hacer bolsas de chips en mi casa a las 5:am para llevar a los farmers markets. Muy pronto, estaba produciendo cientos de bolsitas, lo cual decidí rentar la parte trasera de un restaurante vacío para producir.

Durante el primer año, me extendí a varios farmers markets, ayudada por mis hermanas y un hermano. Aquel tiempo fue tiempo de risas y un alegre convivir entre hermanos/as, pero lamentablemente el negocio no rendía lo suficiente. Después de un año, y varios productos que habíamos creado, nos separamos y cerramos la mayoría de Farmers Markets y cancelamos muchos productos. La mayor razón fue porque nuestra madrecita empezó a sufrir de Parkinson.

Tuvimos que hacer varios cambios, para poder cuidar a mi madrecita. Así, nos mantuvimos por cinco años hasta que ella falleció. La primera cadena de tiendas que me atreví a presentar mis chips fue a la cadena Gelson´s. En aquel tiempo Gelson's tenía 18 tiendas. Justo, al año, Chicas llegó a ser los chips número uno en la cadena de Gelson's. De la misma manera, me presenté a Bristol Farms y Chicas llegó a ser el Chips número uno en esta cadena, a veces vendiendo mucho más que agua. Sobrepasando inconvenientes y frustraciones como todo negocio, en el 2019 hicimos contacto con Whole Foods, estaban muy interesados en vender nuestros chips en sus tiendas en todo el Sur de California. Encomendándonos a Dios y orando por el bienestar de nuestro negocio, Dios nos respondió. Al final del 2019, hicimos un contrato con Benestar Brands, Compañía que invirtió más de dos millones de dólares para fabricar una maquinaria única.

Dios ha sido generoso con nosotros, hoy en día "Chicas", se ha expandido por todos los Estados Unidos en supermercados como Whole Foods, Sprouts, Ralph's y otras divisiones de Kroger, Pavilion, Alvertson's, Sam's Club y Costco en el Norte de California.

Hoy en día, viajo por todo el País representando mi marca. Mi esposo, supervisa la producción y calidad del producto, así también, una de mis hijas se encarga del Marketing y Publicidad y otra de mis hijas de las finanzas. Ellas junto a mi, somos las nuevas chicas. Luego de estos 10 años de recorrido, puedo decir que lo más arraigado que tengo en mi ser, son mis raíces ecuatorianas.

ECUATORIANOS DE CORAZON

BLANCA SOTO   ALLAN COIE

ECUATORIANOS DE CORAZON

TIGRAN KHATCHATRIAN   CINDY PLEITEZ

THE VILLAGE ACTING STUDIO

CURSO INTENSIVO "AUDICIÓN" DE 8 SEMANAS

Sabados de Septiembre 10th, a Octubre 29th, Horario : 1pm-4pm

APRENDA LAS HERRAMIENTAS PARA NAVEGAR SUS AUDICIONES SIN PERDER NADA EN LA TRADUCCIÓN

Clases en español por la actriz BLANCA ARACELI, con más de 30 años de experiencia en cine, teatro y televisión.

Para más información visita:

www.thevillageactingstudio.com

Celebrando la riqueza cultural del migrante
en Los Ángeles, California. 2022

Ancon Club LA REVISTA

MANABITAS DEL AÑO

FABIAN GERMAN   **YANINE CEDEÑO**

ESMERALDEÑA DEL AÑO

DIVA CHAN

Celebrando la riqueza cultural del migrante
en Los Ángeles, California. 2022

49

Ancon *Club* **LA REVISTA**

AMBATEÑOS DEL AÑO

Vinicio Sánchez   Miriam Bayas

QUITEÑOS DEL AÑO

Oscar Negrete   Alexandra Salazar

Celebrando la riqueza cultural del migrante
en Los Ángeles, California. 2022

Ancon
Club
LA REVISTA

SANTODOMINGUEÑA DEL AÑO

MARY VERDUGA

CUENCANOS DEL AÑO

SANTIAGO PUGO   NATASHA BARZALLO

Celebrando la riqueza cultural del migrante
en Los Ángeles, California. 2022

Ancon Club
LA REVISTA

51

RIOBAMBEÑA DEL AÑO
Mercedes Veloz

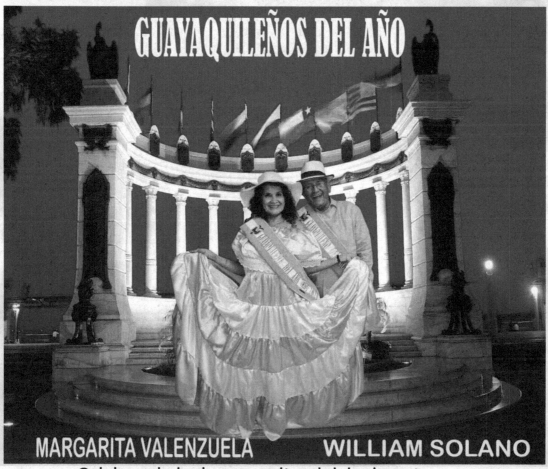

GUAYAQUILEÑOS DEL AÑO

MARGARITA VALENZUELA   WILLIAM SOLANO

Celebrando la riqueza cultural del migrante
en Los Ángeles, California. 2022

Ancon
Club
LA REVISTA

RIOSENSE DEL AÑO
MIRIAM BURBANO

LA LUCHA POR SUS DERECHOS

1910 es el año en que se proclama el "Día Internacional de la Mujer" como homenaje al movimiento a favor de sus derechos, instaurándose el "8 de Marzo" como fecha conmemorativa.

En Ecuador, la movilización de las mujeres cobra gran impulso a partir de la conferencia de Naciones Unidas sobre las mujeres en Beigin en 1995 y la aprobación de la plataforma de acción.

Más adelante, la lucha de las mujeres por sus derechos no decayó, logrando consagrarlos en la Constitución a través de leyes y políticas publicas alcanzando varias conquistas mucho más rápido que el resto de países de la región.

De allí, se establece una nueva legislación en materia de Participación Ciudadana, Educación Superior, Seguridad Social, Empresas Públicas y Economía Popular y Solidaria.

Así también, el código de la democracia aprobado en abril de 2009, establece la paridad en la representación femenina al Parlamento como un elemento determinante para la consolidación de la democracia, así en dicho período legislativo, de 137 asambleístas 57 fueron mujeres y en el ámbito regional, alcanzaron importantes índices de participación en Prefecturas, Alcaldías, Concejalías y Juntas Parroquiales.

En el 2013, el Parlamento aprueba el Código Orgánico Integral Penal, COIP que incorpora nuevos tipos penales, tipificando delitos contra la integridad sexual y reproductiva, el femicidio, la violencia contra la mujer o miembros del grupo familiar, también establece sanciones contra los delitos de trata de personas, Inviolabilidad de la vida y delitos de odio.

Hechos logrados gracias a la decisión y valentía de mujeres que sin duda, potenciaron la calidad de vida de las mujeres ecuatorianas.

Byron Pérez E. EsC.

DJ REAL

BRINGING THE
tunes to you!

M: 323.485.1370
E: RREAL36@GMAIL.COM

Music for all occasions

LOJANOS DEL AÑO

ROSITA VERDEJO

PATRICIO MONTAÑO

A ti que me distes tu vida tu amor y tu espacio
a ti que guardastes en tu vientre dolor y cansancio
a ti que peleastes con uñas y dientes
valiente en tu casa y en cualquier lugar
a ti rosa fresca de abril
a ti te dedico mis versos, mi ser, mis victorias
a ti mis respetos, su nombre es mi *Madre*

LAURA TORRES

CARO RIVERA

MADRE LONGEVA   MADRE SIMBOLO

Celebrando la riqueza cultural del migrante
en Los Ángeles, California. 2022

Ancon
Club
LA REVISTA

NUESTRAS REINAS 2021

RHAZIELLE BRICEÑO   CECILIA FREIRE   NICOLE DE JESUS

RADIO STATION

"Cerca de tu corazón"

El esplendor de la música, reunida en una sola estación gratuita los 7 días y las 24 horas, en varios idiomas.

Para escuchar LATI2:
1. Descargar en forma gratuita el APP: Listen2MyRadio
2. En el buscador, escribir LATI2
3. A disfrutar de nuestra INSUPERABLE, FABULOSA Y MAGICA colección de la inolvidable música del recuerdo, acompáñenos, nos encantará tenerlos cerca.

Celebrando la riqueza cultural del migrante
en Los Ángeles, California. 2022

Gracias por ser el mejor ejemplo y mi mayor inspiración"

PADRE LONGEVO Y PADRE SIMBOLO

2022

Néstor Albán   Miguel Alvarado

PADRE LONGEVO Y PADRE SIMBOLO

2021

Cristóbal Amores   Diego Pérez

Celebrando la riqueza cultural del migrante
en Los Ángeles, California. 2022

Ancon *Club*
LA REVISTA

QUITO, LUZ DE AMÉRICA
Patrimonio Cultural de la Humanidad

#JEL

Jóvenes Escritores Latinos
info@editorialjel.org

Miriam Burbano
Patricia Zamora
Johanna Ríos Soria

ECUATORIANAS DE CORAZON

ARACELI MEJIA

NIDIA MARROQUIN

2299 W. 190 th. St. # 4 • Redondo Beach, CA 90278
Phone: 310-379 Taco (8226)

Celebrando la riqueza cultural del migrante
en Los Ángeles, California. 2022

Ancon
Club
LA REVISTA

Celebrando la riqueza cultural del migrante
en Los Ángeles, California. 2022

Ancon
Club
LA REVISTA

Día de la Madre

Mamá, tu amor es una bendición!

Bradek & Kiemo

Certificate of Appreciation

Award for Outstanding Performance
Present to:

Jóvenes Escritores Latinoamericanos

SERVING THE COMMUNITY WITH LOVE KINDNESS AND COMPASSION
"THERE CAN BE NO GREATER GIFT THAN GIVING TIME AND ENERGY TO HELP OTHERS WITHOUT EXPECTING ANYTHING IN RETURN"
Los Angeles, Saturday December 18 2021

MIGUEL ALVARADO M.
Bradek Wholesale
OWNER

CINDY PLEITEZ
Kiemo Foundation
DIRECTORA

ELECTRA ALVARADO M.
G. COORDINATOR

DOMINGO
16
OCTUBRE

2:00 PM - 6 PM

GRUPO CULTURAL
LATINOAMERICANO

Celebrando
EL DIA DE LA HISPANIDAD
FESTIVAL INTERNACIONAL DE DANZA FOLKLORICA

ENCUENTRO
de
CULTURAS

PARTICIPAN

EL SALVADOR

ECUADOR

PERU

CHILE

GUATEMALA

BOLIVIA

PANAMA

MEXICO

COLOMBIA

NICARAGUA

Local: CHURCH OF SCIENTOLOGY OF THE VALLEY
11455 BURBANK BLVD. NORTH HOLLYWOOD. CA 91601

Celebrando la riqueza cultural del migrante
en Los Ángeles, California. 2022

Ancon *Club*
LA REVISTA

SOCIALES

DÍA DEL PADRE

Celebrando la riqueza cultural del migrante
en Los Ángeles, California. 2022

Ancon *Club* **LA REVISTA**

SOCIALES
INDEPENDENCIA DE GUAYAQUIL

¡VIVA GUAYAQUIL!

Celebrando la riqueza cultural del migrante
en Los Ángeles, California. 2022

Ancon
Club
LA REVISTA

SOCIALES
CELEBRANDO A QUITO

VIVA QUITO

Celebrando la riqueza cultural del migrante
en Los Ángeles, California. 2022

Ancon *Club*
LA REVISTA

Celebrando la riqueza cultural del migrante
en Los Ángeles, California. 2022

Reading

Family time

Community building

Jóvenes Escritores Latinos

#JEL

Creando activistas a través de las letras

info@editorialjel.org

Story telling

Sharing Resources

Writing

Felicita al Ancón Club Los Ángeles

**Felicitaciones por su aniversario número 49 de servicio a la comunidad ecuatoriana en el Sur de California y por la promoción continúa de los valores culturales ecuatorianos y latinoamericanos.
Nuestro deseo sincero de que vengan muchos éxitos más.**

Celebrando la riqueza cultural del migrante
en Los Ángeles, California. 2022

Ancon
Club
LA REVISTA

Entrenamiento para distribución de despensas gratis.

BANCO DE ALIMENTOS

Segundo y cuarto sábados de cada mes.

15307 Crenshaw Blvd, Gardena, CA 90249

Necesitamos voluntarios

310 480 7675

Todos invitados

Ancon Club
LA REVISTA

Guatita

Yayita Aguilera

Ingredientes:
- 2 libras de panza de res o mondongo tambien conocido como librillo.
- Jugo de 1 limón
- 10 tazas de agua
- 5 ramitas de cilantro o culantro
- 4 dientes de ajo machacados
- 1 cucharadita de comino molido

Para preparar la guatita:
- ½ taza de mantequilla de maní cacahuate, sin sal
- 2 tazas de leche
- 3 encharadas de mantequilla
- 1 taza de cebolla colorada o roja picada
- 2 tazas de cebolla blanca picada
- ½ pimiento rojo o verde, picado
- 1 tomate pelado, sin semillas y picado
- 4 dientes de ajo picaditos
- 2 encharaditas de achiote molido
- 1 encharadita de comino molido
- 1 encharadita de orégano seco
- 4 papas blancas peladas y cortadas en cubitos pequeños
- Sal y pimienta al gusto

Preparación

Cubra el mondongo con agua, sal y la mitad del jugo de limón, déjelo reposar durante 10 minutos, lávelo y repita el proceso otra vez. En una olla grande ponga el mondongo lavado con las diez tazas de agua, las ramitas de culantro, el ajo, la sal y el comino. Hágalo hervir, reduzca la temperatura y cocine a fuego lento hasta que el mondongo se haya suavizado, aproximadamente unas 2 horas. Retire el mondongo del agua y déjelo enfriar un poco, reserve 2 tazas del caldo donde se cocinó el mondongo. Mientras tanto diluya la mantequilla de maní con ½ taza de leche. Cuando el mondongo se haya enfriado píquelo en pedacitos muy pequeños. Prepare un refrito o sofrito con la mantequilla, achiote, comino, sal, orégano, cebolla, pimiento, tomate y ajo, cocine a fuego medio hasta que las cebollas estén suaves y casi transparentes, unos 5 minutos. Ponga el refrito, la leche y la mantequilla de maní en la licuadora y licúelos hasta obtener una salsa cremosa. Ponga la salsa licuada, las 2 tazas de caldo del mondongo, las papas picaditas y el mondongo picado en una olla grande, hágalo hervir, reduzca la temperatura y cocine a fuego lento hasta que las papas estén suaves y el líquido se empiece a volver espeso. Aplaste las papas un poco para espesar la salsa, pruebe y rectifique la sal. Agregue sal y pimienta al gusto. Sirva la guatita con arroz, cebollas encurtidas,

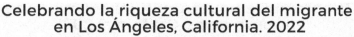

Los Quimbolitos de Margarita Cadena

Receta

1/2 lb de harina flor
8 huevos
1/2 lb de mantequilla
1/2 lb de azúcar
1 teaspoon de polvo de hornear
1/2 taza de leche
1 teaspoon de vainilla
1 taza de queso rallado
Pasas al gusto

Preparación:

Batir la mantequilla y azúcar hasta que esté cremoso, luego agregar los huevos uno por uno, seguir batiendo, agrega todos los ingredientes y batir hasta que se mezcle todo bien, como paso final debemos poner en las hojas de achira y cocinar a vapor por unos 40 min.

BOLON ECUATORIANO

Ingredientes

- 4 plátanos verdes
- 5 cucharadas de mantequilla
- 2 cucharadas de aceite
- 1 taza de queso rallado o de Chicharrones o de Chorizo cocido
- Sal al gusto

Preparación

- Pelar los plátanos, cortarlos en trozos medianos y cocinarlos a temperatura media baja durante unos 30-40 minutos, volteándolos cada 10 minutos, hasta que estén muy suaves y ligeramente dorados.

- Colocar los plátanos calientes en un tazón grande y triturarlos hasta obtener una masa gruesa.

- Formar bolas pequeñas con la masa. Hacer un agujero en el centro de cada bola y rellenarlos con el queso (o chorizo o chicharrones). Cerrar la bola nuevamente.

- Calentar el aceite a fuego alto, agregar las bolas de plátano rellenas y freírlas hasta que estén doradas y crujientes por ambos lados.

- Servir en un plato los bolones calientes, preferiblemente acompañado de café y huevo frito.

Dinora Cárdenas

Mercedes Veloz

Encebollado

Ingredientes

2 libras de atún o albacora cocinada, limpio y sin espinas/4 tomates.
2 pimientos verdes/3 cebollas coloradas.
2 ramas de apio/dos cucharas de ají seco.
Pimienta/4 dientes de ajo/comino/sal.
3 cebollas coloradas para curtir/12 limones.
1/2 taza de aceite/10 ramas de cilantro/2 yucas.

Preparación

Cocer la albacora en un caldo con tomate, pimiento, cebolla colorada y ajo. Agregar ají seco, pimienta picante, ajo, comino y sal. Una vez cocido el pescado dejarlo enfriar y trocearlo en láminas. El caldo de cocción tamizarlo y reservarlo. Curtir la cebolla colorada cortada en juliana con sal, limón, luego aceite y cilantro picado. Cocer la yuca con parte del caldo de cocción del pescado y cortarla en cubos pequeños. Armar el plato colocando primero la yuca, sobre esta el pescado, luego la cebolla curtida y al final el caldo.

Recomendación: servir frío o caliente acompañado de pan, chifles o maíz.

Ecuador

TONGA MANABITA

Ingredientes:

- Arroz amarillo
- Estofado de pollo
- Cebolla
- Pimiento
- Comino
- Ajo
- Maduros
- Salsa de maní
- Hojas de plátano verde

Yanine Cedeño

Preparación:

Primeramente, hacemos arroz con un poco de color con achiote, luego realizamos un estofado de pollo con la cebolla, pimiento, ajo y caldo maggy, posteriormente hacemos el refrito con pimiento y cebolla picada. En otra olla ponemos un poco de maní con agua y lo revolvemos hasta que quede un poco espeso. Freímos maduro y finalmente armamos la tonga colocando en un recipiente medio hondo la hoja de plátano para ahí poner el arroz, el pollo, el refrito, el maní y encima los maduros lo cerramos por los lados para que no se abra y lo colocamos en el horno por unos 30 minutos.

DOMINGO

16

OCTUBRE

2:00 PM - 6 PM

DONACION
15
DOLARES

Celebrando

EL DIA DE LA HISPANIDAD

FESTIVAL INTERNACIONAL DE DANZA FOLKLORICA

ENCUENTRO *de* CULTURAS

ECUADOR

GRUPO CULTURAL LATINOAMERICANO

BOLIVIA

SAN SIMON

MEXICO

ETERNA JUVENTUD

COLOMBIA

LA PUYA LOCA

NICARAGUA
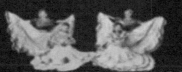
GUARDABARRANCO

CHILE

CHILEAN DANCE GROUP VIVA CHILE

GUATEMALA

GRUPO CULTURAL LATINOAMERICANO

PANAMA

BALLET FOLKLORICO VIVA PANAMA

PERU

RAICES PERUANAS

Local: CHURCH OF SCIENTOLOGY OF THE VALLEY

11455 BURBANK BLVD. NORTH HOLLYWOOD. CA 91601

Celebrando la riqueza cultural del migrante
en Los Ángeles, California. 2022

Ancon Club
LA REVISTA

Club
LA REVISTA

Celebrando la riqueza cultural del migrante
en Los Ángeles, California.

Made in the USA
Columbia, SC
19 September 2022

67103597R00043